BEI GRIN MACHT SICH IHR WISSEN BEZAHLT

- Wir veröffentlichen Ihre Hausarbeit,
  Bachelor- und Masterarbeit

- Ihr eigenes eBook und Buch -
  weltweit in allen wichtigen Shops

- Verdienen Sie an jedem Verkauf

Jetzt bei www.GRIN.com hochladen und kostenlos publizieren

Bibliografische Information der Deutschen Nationalbibliothek:

Die Deutsche Bibliothek verzeichnet diese Publikation in der Deutschen National-
bibliografie; detaillierte bibliografische Daten sind im Internet über http://dnb.d-
nb.de/ abrufbar.

Impressum:

Copyright © 2017 GRIN Verlag, Open Publishing GmbH
Druck und Bindung: Books on Demand GmbH, Norderstedt Germany
ISBN: 9783668555433

Dieses Buch bei GRIN:

http://www.grin.com/de/e-book/378130/die-auswirkungen-gewalthaltiger-compu-
terspiele-auf-aggressives-verhalten

Steve Uttenweiler

Die Auswirkungen gewalthaltiger Computerspiele auf aggressives Verhalten bei Kindern und Jugendlichen

GRIN Verlag

GRIN - Your knowledge has value

Der GRIN Verlag publiziert seit 1998 wissenschaftliche Arbeiten von Studenten, Hochschullehrern und anderen Akademikern als eBook und gedrucktes Buch. Die Verlagswebsite www.grin.com ist die ideale Plattform zur Veröffentlichung von Hausarbeiten, Abschlussarbeiten, wissenschaftlichen Aufsätzen, Dissertationen und Fachbüchern.

Besuchen Sie uns im Internet:

http://www.grin.com/

http://www.facebook.com/grincom

http://www.twitter.com/grin_com

Die Auswirkungen gewalthaltiger Computerspiele auf aggressives Verhalten bei Kindern und Jugendlichen

Steve Uttenweiler

Universität Leipzig

Erziehungswissenschaftliche Fakultät

Institut für Bildungswissenschaften

Inhaltsverzeichnis

1 Einleitung

Computerspiele[1] sind heutzutage kaum noch aus der Medienlandschaft wegzudenken. Sie haben sich seit der Jahrtausendwende immer mehr zu einem Massenmarkt entwickelt[2] und erfreuen sich immer größerer Spielerschaft (vgl. Kyas 2007, S. 53). Schon im Jahr 2010 spielte über ein Drittel der Jugendlichen in Deutschland Computerspiele und knapp die Hälfte davon sahen das "Zocken" als liebsten Zeitvertreib (vgl. Uttenweiler 2016, S. 3). Mit der wachsenden Beliebtheit geriet das Medium auch zeitweise immer mehr ins Kreuzfeuer der Medien. Gerade Computerspiele mit scheinbar gewaltverherrlichenden Inhalten, insbesondere die sogenannten "Ego-Shooter"[3], wurden als "Killerspiele" immer wieder als Ursache für Gewalttaten bei Jugendlichen gesehen. Ein Begriff, der zeitweise in den Medien so präsent war, dass er in den Koalitionsvertrag des Bundestags von 2005 aufgenommen wurde, ohne klar definiert worden zu sein (vgl. Grote/Sinnokrot 2006, S. 5 f.). Dabei wurden gern fadenscheinige Zusammenhänge zwischen den Gewalttaten und Computerspielen gezogen, ohne auf andere Faktoren aus dem Umfeld der Täter einzugehen. Stattdessen wird oberflächliche Kritik geübt, ohne sich wirklich mit den Spielen zu beschäftigen. Besonders das Spiel *Counter-Strike*[4] ist durch seine große Beliebtheit bei Computerspielern immer wieder das "Paradebeispiel" im Rahmen der Killerspiel-Debatte. Unmittelbar nach dem Amoklauf von Erfurt wurde das Spiel als Ursache der Tat herangezogen, obwohl der Täter Robert Steinhäuser laut Kommissar-Bericht sich nicht einmal für dieses Spiel interessierte. Steinhäusers Mitgliedschaft in zwei Schützenvereinen und der Besitz eines Waffenscheins wurden hingegen weniger beachtet (vgl. Köhler, E. 2008, S. 138). Dies stößt seit jeher auf große Empörung in der Spielerschaft der vermeintlichen "Killerspiele", die sich durch die einseitige und oberflächliche Berichterstattung angegriffen fühlen (vgl. Rötzer 2002). In den letzten 10 bis 15 Jahren hat sich die Präsenz von Computerspielen noch einmal vervielfacht. Die Let's Play[5]-Kultur auf YouTube, einfach zugängliche Free-to-Play-Spiele wie

---

1 Im weiteren Verlauf dieser Arbeit wird der Begriff "Computerspiele" als Sammelbegriff für digitale Spiele auf allen Plattformen benutzt, schließt also PC-, sowie Konsolen- und Handy-Spiele mit ein.
2 Zum Umsatz der Computerspiel-Branche im Jahr 2016 siehe https://superdata-research.myshopify.com/products/year-in-review (letzter Zugriff 30.07.2017)
3 Zur Definition von Ego-Shootern siehe Kyas 2007, S. 38
4 Zur *Counter-Strike*-Reihe zählen mehrere Titel, beginnend mit der originalen Modifikation für das Spiel *Half-Life*, aus der sich dann das vollwertige erste Spiel entwickelte (Valve/Sierra Entertainment: Counter-Strike [PC], 2000)
5 Bei den sogenannten "Let's Play"-Videos spielt der "Let's Player" ein Spiel seiner Wahl und kommentiert parallel dazu das Spielgeschehen auf unterhaltsame Art und Weise. Zu diesen Videos zählen u.a. die Produktionen von "Pewdiepie", der mit über 56 Millionen Abonnenten der erfolgreichste YouTuber der Welt ist (Stand Juli 2017) oder der erfolgreichste deutsche YouTube "Gronkh" mit über 4,6 Millionen Abonnenten (Stand Juli 2017).

League of Legends[6] und die wachsende eSports[7]-Szene festigen seit Jahren die Stellung von Computerspielen in der Jugendkultur und darüber hinaus. Vor allem *Counter-Strike* hat noch einmal einen gewaltigen Schub erhalten. Der aktuellste Teil der Serie, *Counter-Strike: Global Offensive*[8], ist eines der erfolgreichsten PC-Spiele überhaupt[9] und hat eine große kompetitive Szene vorzuweisen, in der Spieler in hochprofessionalisierten Turnieren um Preisgelder bis zu 500.000 $ spielen[10] und von Millionen Zuschauer bejubelt werden wie traditionelle Sportler (vgl. Köhler S., 2015; Kemper 2017).

Das erneute Aufkommen des "Killerspiel"-Begriffs anlässlich des Amoklaufs von München im Juli 2016 zeigt jedoch, dass der Diskurs rund um Gewalt in Computerspielen und deren Wirkung noch lange nicht zu einem Konsens geführt hat - trotz der stark gewachsenen Popularität und Anerkennung des Mediums in der Gesellschaft (vgl. Kreienbrink 2016). Dieser Diskurs überträgt sich auch auf die Medienforschung, die über verschiedene Zugänge versucht, die Wirkung von gewalthaltigen/violenten Computerspielen auf Jugendliche zu ergründen. Ziel dieser Arbeit ist es, über eine Analyse dieses Diskurses herauszufinden, welche Auswirkungen gewalthaltige Computerspiele auf aggressives Verhalten, insbesondere bei jungen Menschen, haben. Dazu werde ich mir Arbeiten aus verschiedenen Forschungsbereichen anschauen und die Erkenntnisse miteinander vergleichen. Ich habe versucht, verschiedene Positionen in der Literatur abzudecken, wobei es offenbar mehr Befürworter als Gegner zu geben scheint. Die mir zur Verfügung stehende Literatur ist hierbei vor allem aus dem vergangenen Jahrzehnt – die Entwicklung der Computerspiel-Kultur seitdem muss also immer berücksichtigt werden. So kann es sein, dass aktuellere Arbeiten, die noch nicht allgemein zugänglich sind, eine der Positionen mit neuen Erkenntnissen untermauern.

Zu Beginn der Arbeit möchte ich ein theoretisches Fundament liefern, indem ich kurz die neurobiologischen Grundlagen für aggressives Verhalten aus Sicht aktueller Studien beschreibe. Anschließend versuche ich, zu skizzieren, was junge Menschen dazu bewegt, sich mit Computerspielen, vor allem mit violenten, zu beschäftigen, bevor das Augenmerk dann auf die Fülle von empirischen Studien fällt, die sich mit der Wirkung eben jener Gewaltdarstellungen beschäftigen.

---

6   Riot Games: League Of Legends [PC], 2009
7   "eSports" steht für "electronic sports", also alle Formen des (geregelten) digitalen Wettstreits in Computerspielen, siehe hierzu auch http://www.computerbild.de/artikel/cbs-News-Spiele-eSport-Begriffserklaerung-Definition-6148676.html (letzter Zugriff 30.07.2017)
8   Hidden Path Entertainment/Valve Corporation: Counter-Strike: Global Offensive [PC], 2012
9   Das Spiel wurde von über 30 Millionen Menschen gekauft (siehe http://steamspy.com/app/730, letzter Zugriff 30.07.2017) und wird von bis zu 850.000 Spielern gleichzeitig gespielt (siehe http://steamcharts.com/app/730#All, letzter Zugriff 30.07.2017)
10 http://wiki.teamliquid.net/counterstrike/ELEAGUE/2017/Major (letzter Zugriff 30.07.2017)

2 Aggressives Verhalten aus neurobiologischer Sicht

An der Entstehung und Äußerung aggressiven Verhaltens bei Menschen sind verschiedene neurobiologische Mechanismen beteiligt, deren genaue Wirkung und Korrelation noch immer Gegenstand der Forschung sind. An aggressivem Verhalten vor allem der präfrontale Cortex, das limbische System und die neuromodulatorischen Systeme beteiligt (vgl. Roth 2003, zitiert in Wahl 2009, S. 49). Das limbische System umfasst verschiedene Bereiche des Gehirns und ist vor allem für Emotionen verantwortlich. Zum limbischen System zählen u.a. der Hypothalamus, die Amygdala und der Hippocampus, die maßgeblich an der Steuerung aggressiven Verhaltens beteiligt sind (vgl. Geen 1990, S. 13). Die Abläufe im Gehirn erfolgen über neuroaktive Subtanzen, insbesondere die Neurotransmitter. Aggressives Verhalten ähnelt einer einfachen Stressreaktion – als Reaktion auf einen Stimulus werden Hormone wie Noradrenalin, Adrenalin und Cortisol ausgeschüttet, die die Kampf- oder Fluchtbereitschaft erhöhen, z.b. durch eine Erhöhung von Blutdruck und Blutzuckerspiegel. Der Stimulus kann viele verschiedene Ursachen haben und verschiedene Hirnareale sind an der Entstehung von Aggressionen beteiligt, die unterschiedlich stimuliert werden können (vgl. Wahl 2009, S. 54; Geen 1990, S. 11). Eine besondere Rolle bei Aggressionen spielt das Hormon Testosteron, welches auch die Aggressionsdisposition steigert (vgl. Geen 1990, S. 15). Vor allem männliche Jugendliche, die einen hohen Testosteronspiegel aufweisen, zeigen weniger Furcht und Empathie, dafür höhere Impulsivität und Risikobereitschaft (vgl. Wahl 2009, S. 65). Testosteron steht bei Aggressionen in Wechselwirkung mit Cortisol und Serotonin. Wenn die Konzentration von Testosteron in Relation zum Cortisol höher ist, ist das aggressive Verhalten stärker ausgeprägt. (vgl. Montoya et al. 2007, S. 65-70). Serotonin wird vom präfrontalen Cortext ausgeschüttet und wirkt inhibitorisch auf das Aggressions-System. Ein normaler bis erhöhter Serotoninspiegel sorgt hierbei für Ausgeglichenheit und Gelassenheit, ein niedriger Spiegel hingegen zu Unsicherheit, Angst und Bedrohungsgefühlen, was Aggressionen begünstigt. Ein zu niedriger Serotoninspiegel führt zudem zu impulsivem, unkontrolliertem Verhalten, wie übersteigerter Aggression (vgl. Wahl 2009, S. 60, 62; Montoya et al. 2007, S. 70). Weitere Hormone sind an der Entwicklung aggressiven Verhaltens beteiligt. So liefert Dopamin eine Art "psychische Belohnung" für Aggressionen und Noradrenalin erhöht die Kampfbereitschaft, während Gamma-Aminobuttersäure (GABA) die Aggressionsneigungen ähnlich wie Serotonin hemmt. (vgl. Wahl 2009, S. 68)

3 Faszination (violentes) Computerspiel

Um die Wirkung von gewalthaltigen Computerspielen auf junge Menschen besser zu verstehen, ist es notwendig, zumindest im Ansatz zu ergründen, woher das große Interesse an solchen Spielen kommt. Computerspiele sind in erster Linie ein Unterhaltungsmedium und erfüllen somit vor allem ablenkende Funktionen. Bereits die Studien von Hoffmann (1995) und Fritz (1997) zeigen, dass ein Großteil der befragten Spieler über die virtuellen Spiele dem Alltag entflieht und viele durch das „Zocken" Frust und Aggressionen abbauen (vgl. Kyas 2007, S. 87). Gewalthaltige Spiele dienen dazu besonders gut. Zum Einen, weil Gewaltdarstellungen einfache und direkte Wirkungen erzielen und somit gewissermaßen „leichte Kost" darstellen (vgl. Buddemeier 2006, S. 28). Zum Anderen, weil Frust durch das Spielen von Gewalt an virtuellen Spielfiguren „ausgelassen" werden kann und somit durch eine Form von Katharsis die Alltagssorgen vergessen werden können (vgl. Kyas 2007, S. 177). Zudem erzeugt die „Action" in violenten Spielen für einen besonderen Nervenkitzel, der gerade junge Menschen anspricht (vgl. Witting 2007, S. 56). Die Darstellung von Gewalt im Spiel grenzt sich hierbei durch Ästhetisierung von der Realität ab und wird somit „konsumierbar" gemacht – man erlebt oftmals übertriebene Darstellungen in fremdartigen Umgebungen und die gespielte Gewalt wird durch „*einfache Gut-und-Böse-Schemata*" (Strüber 2006, S. 42) gewissermaßen legitimiert, um moralische Konflikte außen vor zu lassen (vgl. ebenda, S. 40 ff.). Im Vordergrund stehen der Fortschritt im Spiel und der Wettbewerb, entweder mit den computergesteuerten Gegnern oder den Avataren anderer Spieler (vgl. Witting 2007, S. 190). Die abstrakte, überzogene Darstellung von Gewalt ist ein wichtiger Gesichtspunkt bei der Betrachtung der Wirkung auf den Spieler. Witting schreibt dazu: *"Die virtuelle Gewalt wird [...] ästhetisiert, empathiefrei und rein funktionalistisch zum Zwecke des Weiterkommens im Spiel wahrgenommen. Dies bedingt eine von realer Gewalt, die v.a. schädigen soll, abgegrenzte Rahmung der virtuellen Gewalt [...] ."* (Witting 2007, S. 57). Doch die Gewalt in Spielen erfüllt noch weitere Funktionen. Besonders das Überschreiten der gesellschaftlichen Normen zur Gewalt und der damit einhergehende Tabubruch sind reizvoll für die Spieler. Die Meisten schrecken vor realer Gewalt durch jene Normen zurück, können diese aber ohne Konsequenzen in der virtuellen Welt anwenden (vgl. Kyas 2007, S. 175; Bareither 2016, S. 280 f.). Diese Tabuüberschreitung, zusammen mit dem virtuellen Gefühl der Macht, ist besonders attraktiv für Kinder. Zudem sorgt das Spielen von nicht jugendfreien oder gar indizierten Spielen für ein Gefühl, besonders reif und erwachsen zu sein, was auch für Ansehen und „Coolness" bei den Peers führt (vgl. Feibel 2008, S. 172).

4 Computerspiele und aggressives Verhalten

Um die große Menge verschiedener Studien, Forschungsergebnisse und Meinungen innerhalb des Diskurses besser gegenüberstellen zu können, werde ich im Folgenden die Wirkung von Gewaltdarstellungen auf aggressives Verhalten in zwei Unterkategorien einteilen: Die unmittelbaren Auswirkungen, entweder während des Spielens oder kurz darauf, und die langfristigen Auswirkungen, also die Prägung von Verhaltensmustern und Denkweisen der Jugendlichen.

4.1 Unmittelbare Auswirkungen

Seit den Neunziger-Jahren gab es immer wieder Untersuchungen zum körperlichen Befinden von Spielern gewalthaltiger Spiele, um deren direkte Effekte zu untersuchen. Einige davon sind bei E. Köhler (2008) zusammengefasst. So ließen sich bereits bei den Anfängen violenter Spiele[11] eine erhöhte Herzfrequenz, höherer Blutdruck, aber auch gesteigerte Reizbarkeit und Wut bei den Spielern nachweisen (vgl. Köhler, E. 2008, S. 152 f.). Darüber hinaus sind erhöhte Werte für Noradrenalin und Testosteron nachweisbar (vgl. Spitzer 2005, S. 232). Es scheint also zu einer Stressreaktion im Körper des Spielers zu kommen bzw. zu akutem aggressiven Verhalten und die Geschehnisse im Spiel dienen hier als stimulierender Reiz (vgl. Kapitel 2). Dabei lässt sich jedoch nicht genau nachweisen, ob dieses aggressive Verhalten in direktem Zusammenhang mit der Gewaltdarstellung steht oder durch das rasante und fordernde Spielgeschehen hervorgerufen wird. Besonders junge Menschen scheinen sich eher von der Geschwindigkeit des Spielablaufs und dem Reaktionsdruck stressen zu lassen (vgl. Kyas 2007, S. 176). Feibel sieht wiederum den Aspekt der Herausforderung als wichtigen Faktor, gerade mit Blick auf kompetitive Formen des Spielens: *"Im Grunde lösen beim Spieler nicht brutale oder Gewalt verherrlichende Szenen Wutausbrüche aus, sondern nur das Scheitern."* (Feibel 2008, S. 187). Er vergleicht diese Reaktion mit den gängigen "Aufregern" bei analogen Gesellschaftsspielen oder dem Frust beim Möbelaufbauen (vgl. ebenda). Das Ausmaß des aggressiven Verhaltens steht dabei laut Spitzer *"in Abhängigkeit vom Realitäts- und Gewaltgehalt der Grafik"* (Spitzer 2005, S. 232). Das ist in sofern schwierig zu beurteilen, da das Empfinden der virtuellen Darstellungen stark subjektiv ist (vgl. Witting 2007, S. 185), wobei insbesondere die Erfahrungen des Konsumenten hierbei eine Rolle

---

11 Durch die technisch eingeschränkten Möglichkeiten der virtuellen Darstellung und eine stark ablehnende Haltung der Spielerschaft (vgl. Bareither 2016, S. 297 f.) fanden explizite Gewaltdarstellungen vergleichsweise spät den Einzug in kommerziell erfolgreiche Computerspiele. Siehe hierzu: id Software/Apogee Software: Wolfenstein 3D [PC], 1992 als offiziell erster "Ego-Shooter".

spielen (vgl. Strüber 2006, S. 76). Die starke Abstraktion der Gewalt (siehe Kap. 3) beeinflusst die Auswirkung der Gewalt ebenso wie die oft nur schwache emotionale Bindung zu den virtuellen Spielfiguren, denen die Gewalt widerfährt. Die Figuren sind meist durch einen Mangel von Charakterisierungen dehumanisiert und entpersonalisiert, wodurch die aggressiven Handlungen ihnen gegenüber leichter zu verantworten sind – man übt Gewalt scheinbar nicht an Menschen, sondern an gefühllosen Objekten (vgl. Köhler, E. 2008, S. 161). Die Spieler empfinden dadurch selten Mitleid und sehen sich selbst dadurch nicht als Gewalttäter oder "den Bösen" (vgl. Kyas 2007, S. 175). Anders sieht es hier bei kompetitiven Mehrspieler-Titeln aus. Bei besiegten menschlichen Mitspielern lassen sich noch am ehesten empathische Reaktionen und Mitleid erkennen (vgl. ebenda, S. 316).

Wichtig bei dem Entstehen von aggressiven Gedanken beim Spielen ist vor allem die aggressive Grundneigung des Spielers. Das heißt bei Spielern mit ohnehin erhöhter Aggressionsbereitschaft lässt sich auch eine Erhöhung der aggresiven Neigungen nach dem Spielen beobachten. (vgl. Kyas 2007, S. 177). Spitzer stellt ebenfalls fest, dass die beobachteten erregungssteigernden Effekte des Spielens bei Jugendlichen mit aggressiver Grundneigung stärker sind und Spieler gewalthaltiger Computerspiele allgemein als grundlegend aggressiver eingeschätzt werden (vgl. Spitzer 2005, S. 221/232). Der Vergleich verschiedener vorangegangener Studien durch Köhler (siehe oben) zeigt: *"Auftretendes aggressives Verhalten wäre demnach also nicht auf das Computerspielen zurückzuführen, sondern auf eine allgemein aggressive Persönlichkeit der Nutzer."* (Köhler E. 2008, S. 169). Die Forschungsgruppe um von Salisch fand zudem heraus, dass das individuelle Aggressionsniveau Auswirkungen darauf hat, in welchem Ausmaß man sich mit gewalthaltigen Medien beschäftigt und für diese interessiert (vgl. von Salisch et al. 2007, S. 120)

Neurobiologische Untersuchungen zeigen laut Spitzer außerdem eine erhöhte Ausschüttung von Dopamin während des Spielens. So wird der Spieler im Computerspiel immer wieder in verschiedenen Formen für die Anwendung von Gewalt belohnt – durch das Erhalten von Erfahrungspunkten, die den Charakter stärker machen und „aufleveln" lassen, durch bessere Gegenstände, Geld, ein Voranschreiten in der Geschichte oder im Rahmen des kompetitiven Spiels durch den Sieg des eigenen Teams gegen die Kontrahenten (vgl. Spitzer 2005, S. 216). Spitzer sieht hier eine Gefahr, da durch diese Belohnung das „aktive Üben" von Gewalt und die Lernwirkung gefördert werden und der Gebrauch von Gewalt konditioniert wird. (vgl. ebenda, S. 213)

4.2 Langfristige Auswirkungen

Kritiker von Computerspielen schreiben dem Medium oftmals die Eigenschaft zu, auf lange Sicht für Gewaltbereitschaft und Aggressivität bei den Spielern, im Speziellen junge Menschen, zu sorgen. Laut Dave Grossman[12] ließen sich bei „School Shootings" in den USA Muster erkennen, nach denen die Täter gezielt auf die Köpfe der Opfer geschossen haben sollen – eine Methode, die man angeblich ohne Militärausbildung nur über Computerspiele lernen kann, in denen ein Kopfschuss i.d.R. für das sofortige Ableben des getroffenen Gegners sorgt. Zudem soll durch Shooter-Spiele die Tötungshemmung verringert werden (vgl. Buddemeier 2006, S. 38). Allerdings liefert Grossman keinerlei empirische Nachweise für seine Behauptungen, das Spielen von Ego-Shootern würde reales Töten konditionieren (vgl. Köhler E. 2008, S. 139). Rötzer schreibt dazu: *"Wenn man ein Computerspiel spielt, ist es dann möglich, eine Waffe im realen Leben zu bedienen? Den Rückschlag abzudämpfen, die Waffe, die einiges an Gewicht hat, zu halten, um damit zu schießen? Nein."* (Rötzer 2002).

Ähnlich verhält es sich bei Spitzer, der die Behauptung aufstellt, durch Computerspiele werde die Ausübung von Gewalt aktiv trainiert und sich dabei auf Theorien der Lernforschung stützt. Da aktives Üben einen wesentlich stärkeren Lernerfolg hat als passives Zusehen, soll durch violente Computerspiele Gewalt konditioniert werden (vgl. Spitzer 2005, S. 213). Spieler würden sich, so beschreibt er weiter, mit dem im Spiel gesteuerten Aggressor identifizieren können und durch den dauerhaften Konsum der Gewalt und die Wiederholungen im repetitiven Spielverlauf werde der Lernprozess nochmals verstärkt (vgl. ebenda, S. 214). Über eine Metaanalyse vorangegangener Studien zu dem Thema kommt er zu dem Schluss: *„Das Spielen von Computer- und Videospielen mit aggressiven Inhalten steigert aggressive Gedanken und aggressive Gefühle und führt zu aggressiven Verhaltensweisen."* (Spitzer 2005, S. 224). Dabei stützt er sich nicht nur auf vergleichsweise niedrige Effektstärken zwischen -0,20 und 0,27, sondern übergeht scheinbar auch alle weiteren Faktoren, die aggressives Verhalten beeinflussen. Denn auch hier spielt die aggressive Grundeinstellung eine wichtige Rolle. Diese kann durch individuelle Erfahrungen und Bedingungen geprägt sein, wie z.B. die soziale Schicht und die damit verbundenen Lebensumstände, psychologische Faktoren aus dem Umfeld wie Schule und Familie oder Gewalterfahrungen in der Realität (vgl. von Salisch et al. 2007, S. 112 f.). Es scheint außerdem eine Wechselwirkung zwischen dem Verhalten des Kindes und der Auswahl des

---

12 Vgl. hierzu Grossman, Dave: Wer hat unseren Kindern das Töten beigebracht? Ein Aufruf gegen Gewalt in Fernsehen, Film und Computerspielen. 2. Aufl., Verlag Freies Geistesleben, Stuttgart 2003

Spiels zu geben. Ein Kind mit aggressivem Grundverhalten begeistert sich eher für Computerspiele mit Gewaltinhalten, während die langanhaltende Beschäftigung mit den Spielen die Tendenzen zur Aggression weiter fördert (vgl. ebenda, S. 124).

Die von Kyas (2007) durchgeführte Studie umfasste eine Befragung von Kindern der 5. und 6. Klasse bezüglich ihrer Nutzung von Computerspielen durch problemzentrierte Interviews (vgl. Kyas 2007, S 193 ff.). Kyas fand heraus, dass die Erzeugung von aggressivem Verhalten stets von den persönlichen Merkmalen der Kinder abhängig war und die Persönlichkeit eine zentrale Rolle bei der Rezeption der Gewalt und der daraus resultierenden nachhaltigen Auswirkung auf aggressives Verhalten spielt (vgl. ebenda, S. 176). Auf der anderen Seite lässt sich auch ein Abbau von Aggressionen beobachten in Form des „Auslassens" des individuellen Frustes an den virtuellen Spielfiguren (siehe Kap. 3). Computerspiele erfüllen eine eskapistische und kompensatorische Funktion und bei höherem persönlichen Aggressionspotenzial scheint sich auch der Drang zu erhöhen, den Frust virtuell auszulassen (vgl. ebenda, S. 315). Durch den Wettbewerbscharakter kompetitiv ausgelegter Spiele kann wiederum auch neuer Frust entstehen, der jedoch eher mit dem Versagen gegen die gegnerischen Spieler zusammenhängt, als mit der dargestellten Gewalt (vgl. ebenda, S. 177). Die von Witting durchgeführte Befragung fand heraus, dass es durch die fehlende Charakterisierung der virtuellen Figuren in *Counter-Strike* scheinbar nicht zu einem ethisch-moralischen Transfer, also einer Beeinflussung des persönlichen Werteverständnisses durch das Spielgeschehen, kommt.[13] Stattdessen dienen die gegnerischen Avatar wie Figuren bei einem analogen Spiel eher als Mittel zum Zweck für den virtuellen Wettkampf, wodurch eine strikte moralische Trennung von realer Gewalt und ihrer virtuellen Darstellung erfolgt (vgl. Witting 2007, S. 187).

Auf eine andere Wirkungsform des Computerspielens weist Strüber in seiner Studie hin. Eine Befragung von (volljährigen) *Counter-Strike*-Spielern zeigte, dass das Spiel prinzipiell ein hohes Suchtpotenzial bietet, was auf Dauer zu Isolation und daraus entstehendem Frust und neuer Aggression führen kann, wobei auch hier wieder eine individuelle Tendenz vorausgehen sollte und nur ein Bruchteil der Befragten eine erhöhte Gewaltbereitschaft zu haben schienen (vgl. Strüber 2006, S. 53, 137 f.). Denn auf der anderen Seite bietet das Spiel (und sicher auch andere kompetitiv ausgerichtete Spiele) eine große soziale Komponente. Durch das gemeinsame Spielen mit anderen Menschen sowohl mit- als auch gegeneinander werden soziale Kompetenzen gestärkt, es findet eine wechselseitige Kommunikation statt und neue Kontakte werden geknüpft (vgl. ebenda, S. 53).

13 Zum Transfermodell nach Jürgen Fritz siehe Fritz 2005

4.3 Zusammenfassung

Während es bei den kurzfristigen Auswirkungen der Gewaltdarstellungen schon eine Auswahl eindeutiger Ergebnisse gibt, ist die Forschungslage bei den langfristigen Effekten noch sehr unklar. Viele Publikationen stützen sich auf blanke Theorien, bei denen die eindeutigen empirischen Belege fehlen und von denen sich viele gegenseitig widersprechen (vgl. Feibel 2008, S. 191). Es wirken unvorstellbar viele Faktoren auf die Entwicklung aggressiven Verhaltens und ebenjenes ist selbst ein sehr komplexes Phänomen, das verschiedene neurobiologische und psychologische Mechanismen vereint. Dadurch ist es äußerst schwierig, ein zufriedenstellendes Forschungsdesign zu finden, das sowohl den Einfluss des Konsums von Gewaltdarstellungen in Computerspielen betrachtet, als auch die Tragweite anderer Einflussfaktoren beachtet. Stattdessen gibt es viele Studien, die zwar interessante Ansätze verfolgen, aber oftmals durch Oberflächlichkeit oder Voreingenommenheit kausale Zusammenhänge unzureichend ergründen und voreilige Schlüsse ziehen (vgl. Köhler, E. 2008, S. 168). Des Weiteren werden gern Thesen aufgestellt, denen das empirische Fundament fehlt oder Studien durchgeführt, deren Design bereits stark auf das erwünschte Ergebnis ausgerichtet ist (vgl. Feibel 2008, S. 192). Dazu spielt eine allgemeine „Verteufelung" der Computerspiele und der Jugend im Allgemeinen mit hinein – vor allem in der Medienöffentlichkeit wird die Jugend gern mit Horrordarstellungen als übertrieben gewaltbereit dargestellt (vgl. Deegener 2002, S. 8). Zudem sollten die positiven Effekte der Beschäftigung mit Computerspielen im Diskurs stets berücksichtigt werden. Der Aufbau von sozialen Kontakten und Kompetenzen, die Steigerung der Konzentrations- und Aufnahmefähigkeit, sowie die Auseinandersetzung von ethischen und sozialen Themen durch die Handlung des Spiels sind wichtige Aspekte des „Zockens" (vgl. Köhler E. 2008, S. 123/127/131 f.)

Zusammenfassend lässt sich sagen: Es gibt definitiv eine Wirkung von gewalthaltigen Computerspielen auf das Verhalten der Spieler, insbesondere bei jungen Menschen. Allerdings ist die Wirkung immer von der zu Grunde liegenden Aggressionsbereitschaft abhängig und somit von vielseitigen anderen Faktoren, darin scheinen sich beide Parteien des Diskurses einig zu sein. Darüber hinaus ist noch nicht eindeutig nachgewiesen, dass Computerspiele wirklich den besonders starken Effekt im Vergleich mit anderen Medien besitzen. *"Insgesamt ist aufgrund der Ergebnisse empirischer Studien von einem eher kleinen Effekt gewalthaltiger Video- und Computerspiele auszugehen, der zudem deutlich unter dem der Fernsehgewalt liegt und sich für verschiedene aggressionsorientierte Genre unterschiedlich darstellt."* (Kyas 2007, S. 178)

Ein ganz zentraler Einfluss, der in der Forschung wohl noch zu wenig beachtet wird, ist der Einfluss der Eltern. Durch strenge Regeln zum Spielekonsum und eine hohe Bindung zu den Kindern wird der Wirkung der Darstellungen entgegen gewirkt. Die Familie muss dazu als moralische Instanz für einen kritischen Umgang mit Gewaltinhalten dienen (vgl. Kyas 2007, S. 319 f.). Die Reflexion der virtuellen Erlebnisse im Gespräch mit den Eltern sind essentiell für die nachhaltige Wirkung der Spiele. Viele Eltern scheinen eher ablehnend angesichts dieses Hobbys zu sein, wodurch es eine Entfremdung zwischen Eltern und Kind kommt und einen Mangel an Kommunikation (vgl. Feibel 2008, S. 179). Die meisten gewalthaltigen Computerspiele sind durch die USK[14] entweder erst ab 16 Jahren oder gar nicht für Minderjährige freigegeben. Dies kann auch für weniger affine Eltern bereits zur ersten darüber Orientierung dienen, ob die Inhalte des Spiels für ihr Kind weniger geeignet sind.

Gewalthaltige Computerspiele sind also kein völlig isolierter Einfluss auf Kinder, der wie dunkle Magie aus unschuldigen Kindern potenzielle Amokläufer macht. Ein gutes soziales Umfeld, die richtige Erziehung und die Förderung von Medien- und Sozialkompetenz sind entscheidend dafür, wie weit sich aggressives Verhalten durch den starken Medienkonsum heutiger Kinder entwickelt. Feibel hat es im Fazit seiner Arbeit treffend formuliert:

"Wir brauchen doch keinen wissenschaftlichen Beleg dafür, wenn wir nicht wollen, dass unsere Kinder bestimmte brutale Spiele spielen. Da reicht doch die Vernunft. Und wenn wir nicht wollen, dass Kinder übermäßig lange mit dem Computer spielen, dann geben wir ihnen ein Zeitlimit vor. Ich glaube kaum, dass Kinder und Jugendliche in diesem Fall eine wissenschaftliche fundierte Legitimation für unsere Entscheidung verlangen." (Feibel 2008, S. 196)

Es wäre interessant, zu ergründen, inwiefern Kinder und Jugendliche in Computerspielen zur Gewalt neigen, wenn sie ihnen nicht durch das Spiel aufgezwungen wird. Es gibt viele Spiele, in denen die Anwendung von Gewalt rein optional ist, um im Spiel voranzukommen. Stattdessen lassen sich Konflikte auch friedlich lösen, z.B. durch Verhandlungen oder das bewusste Vermeiden von Kämpfen. Einige Spiele sind sogar darauf ausgelegt, dass eine gewaltfreie Konfliktlösung den Spielverlauf verändert und somit für Spieler besonders attraktiv erscheint. Das wohl berühmteste Beispiel hierfür ist derzeit *Undertale*[15]. In diesem Spiel lässt sich jedes Monster durch verschiedene, teils sehr ausgefallene, Interaktionen friedlich „besiegen" und es können vereinzelt Freundschaften geschlossen werden, wodurch ein „Happy End" erreicht werden kann, wenn kein einziges Monster getötet wird.

---

14 Unterhaltungssoftware Selbstkontrolle, die in Deutschland zuständige Prüfstelle für Computerspiele
15 Toby Fox: Undertale [PC], 2015

5 Reflexion

Computerspiele und ihre Wirkung sind ein unglaublich umfangreiches Forschungsgebiet in mehreren Wissenschaften und gerade die Gewaltdarstellungen immer wieder Thema diverser Arbeiten. Entsprechend knapp war der Umfang einer Hausarbeit, um ein so facettenreiches Thema wie die Auswirkungen auf aggressives Verhalten angemessen darzustellen. Viele Publikationen und Forschungsansätze fanden dadurch leider nicht mehr ihren Weg in diese Arbeit und vor allem das Kapitel zu den theoretischen Grundlagen von Aggressionen musste knapp gehalten werden, um den Fokus auf die Computerspiele nicht zu verlieren. Des weiteren konnten viele wichtige Aspekte der Beschäftigung mit Computerspielen nicht ausreichend behandelt werden, wie z.B. das kompetitive Spielen im Internet oder der Austausch über Computerspiele in Internet-Communities. Weiterhin konnten die einzelnen Studien nicht näher in ihrer Methodik erläutert oder die Forschungsdesigns kritisiert werden. Damit bleibt meine Betrachtung des Themas leider ähnlich grob wie die eine oder andere Studie, die dieser Arbeit zugrunde liegt. Ich habe versucht, den Diskurs einigermaßen objektiv darzustellen und verschiedenen Meinungen die nötige Aufmerksamkeit zukommen zu lassen, wobei die behandelten Forschungsarbeiten bereits subjektiv gefärbt sind und sich nur schwer vermeiden lässt, dass man ebenfalls eher auf der Pro-Computerspiele-Seite arbeitet, wenn man selbst sein Leben lang von den positiven Effekten des „Zockens" geprägt wurde. Ich hoffe, dennoch mit dieser Arbeit einen fundamentalen Überblick liefern zu können und vielleicht mit einer Folgearbeit, z.B. im Rahmen des Staatsexamens oder gar einer Promotion, das Thema ausführlicher zu betrachten. Im Idealfall mit einer eigenen Studie, die Lücken in der bisherigen Forschung zu schließen versucht.

„There are more love songs than anything else. If songs could make you do something, we'd all love one another. Violence in songs functions the same way violence in movies does. In Lethal Weapon, people get blown up, mashed and mutilated. The people in the audience would never do anything like that."

- Frank Zappa in einem Interview mit dem Playboy, Ausgabe vom 2. Mai 1993, online unter: https://web.archive.org/web/20130722150537/http://www.science.uva.nl/~robbert/zappa/interviews/Playboy/Interview.html (letzter Zugriff: 06.08.2017)

6 Literatur- und Quellenverzeichnis

6.1 Internetlinks

[Der letzte Zugriff erfolgte bei allen Links am 30.07.2017]

- Fritz, Jürgen: Wie virtuelle Welten wirken. Über die Struktur von Transfers aus der medialen in die reale Welt, 2005, online unter http://www.bpb.de/gesellschaft/medien/computerspiele/63699/wie-virtuelle-welten-wirken?p=all

- Kempe, Lysander: ESL Cologne – SK Gaming verteidigt den Counter-Strike-Titel, 2017, online unter http://www.sportschau.de/weitere/esport/counter-strike-esl-one-cologne-finale-sk-gaming-gewinnt-100.html

- Köhler, Stefan: CS:GO – ESL Colenge – 27 Millionen Zuschauer, zieht mit LoL-WM gleich, 2015, online unter http://www.gamestar.de/artikel/csgo-esl-one-cologne-27-millionen-zuschauer-zieht-mit-lol-wm-gleich,3235517.html

- Kreienbrink, Matthias: Schon wieder die K-Frage, 2016, online unter http://www.zeit.de/digital/games/2016-07/killerspiele-amoklauf-muenchen-thomas-de-maiziere-debatte

- Rötzer, Florian: Die Wahrheit über das Massaker in Erfurt. Heise Zeitschriften Verlag, online unter: https://www.heise.de/tp/features/Die-Wahrheit-ueber-das-Massaker-in-Erfurt-3425051.html

- http://wiki.teamliquid.net/counterstrike/ELEAGUE/2017/Major

- http://steamspy.com/app/730

- http://steamcharts.com/app/730#All

- http://www.computerbild.de/artikel/cbs-News-Spiele-eSport-Begriffserklaerung-Definition-6148676.html

- https://superdata-research.myshopify.com/products/year-in-review

6.2 Publikationen

- Bareither, Christoph: Gewalt im Computerspiel. Facetten eines Vergnügens. Dissertation, transcript Verlag, Bielefeld 2016

- Buddemeier, Heinz: Medien und Gewalt. Wie und warum wirken Gewaltdarstellungen? 1. Aufl., Menon Verlag, Heidelberg 2006

- Deegener, Günther: Aggression und Gewalt von Kindern und Jugendlichen. Ein Ratgebet für Eltern, Lehrer und Erzieher. 1. Aufl., Hogrefe Verlag für Psychologie, Göttingen 2002

- Feibel, Thomas: Killerspiele im Kinderzimmer. Was wir über Computer und Gewalt wissen müssen. 1. Aufl., mvg-Verlag, München 2008

- Geen, Russell G.: Human aggression. Open University Press, Milton Keynes 1990

- Grossman, Dave: Wer hat unseren Kindern das Töten beigebracht? Ein Aufruf gegen Gewalt in Fernsehen, Film und Computerspielen. 2. Aufl., Verlag Freies Geistesleben, Frankfurt 2003

- Grote, Michael; Sinnokrot, Carmen: Rechtmäßigkeit einer bundesgesetzlichen Verbotsregelung für die Einfuhr, den Verkauf und die Vermietung von gewaltverherrlichenden Computerspielen („Killerspiele"). Deutscher Bundestag, Wissenschaftliche Dienste, WD3, Berlin 2006

- Köhler, Esther: Computerspiele und Gewalt. Eine psychologische Entwarnung. Spektrum Akademischer Verlag, Heidelberg 2008

- Kyas, Stephan: Wie Kinder Videospiele erleben. Zu den Wechselwirkungsbeziehungen von Bildschirmspielen sowie personalen und familialen Nutzungsfaktoren. Lang Verlag, Frankfurt am Main 2007

- Montoya, Estrella R.; Terburg, David; Bos, Peter A.; van Honk, Jack: Testosterone, cortisol and serotonin as key regulator of social aggression: A review and theoretical perspective. In: Motivation and Emotion 36 (2012), 1, Springer Verlag, S. 65-73, online abrufbar unter https://link.springer.com/article/10.1007%2Fs11031-011-9264-3 (letzter Zugriff 30.07.2017)

- Roth, Gerhard: Fühlen, Denken, Handeln. Wie das Gehirn unser Verhalten steuert. Neue, vollständig überarbeitete Auflage, Suhrkamp, Frankfurt am Main 2009

- Spitzer, Manfred: Vorsicht Bildschirm! Elektronische Medien, Gehirnentwicklung, Gesundheit und Gesellschaft. 3. Aufl., Klett Verlag, Stuttgart 2005

- Strüber, Sebastian: Computerspiel als Aggressor? Eine Studie über die Wirkung von Gewalt in den Medien am Fallbeispiel Counterstrike. VDM Verlag, Saarbrücken 2006

- Uttenweiler, Steve: Anwendungsmöglichkeiten des Computerspiels "Europa Universalis IV" im Geschichtsunterricht, 1. Aufl., GRIN Verlag, München 2016

- von Salisch, Maria; Kristen, Astrid; Oppl, Caroline; Lehmann, Anja: Computerspiele mit und ohne Gewalt. Auswahl und Wirkung bei Kindern. 1. Aufl., Kohlhammer Verlag, Stuttgart 2007

- Wahl, Klaus: Aggression und Gewalt. Ein biologischer, psychologischer und sozialwissenschaftlicher Überblick. 1. Aufl., Spektrum Akademischer Verlag, Heidelberg 2009

- Witting, Tanja: Wie Computerspiele uns beeinflussen. Transferprozesse beim Bildschirmspiel im Erleben der User. Dissertation, kopaed Verlag, München 2007

6.3 Computerspiele

- Hidden Path Entertainment/Valve Corporation: Counter-Strike: Global Offensive [PC], 2012
- Riot Games: League Of Legends [PC], 2009
- Toby Fox: Undertale [PC], 2016
- Valve/Sierra Entertainment: Counter-Strike [PC], 2000